LA
THÉORIE DE L'ÉTAT
DANS HEGEL

PAR

M. L. LÉVY-BRUHL

PARIS
ALPHONSE PICARD, ÉDITEUR
82, RUE BONAPARTE, 82
—
1889

LA

THÉORIE DE L'ÉTAT

DANS HEGEL

PAR

M. L. LÉVY-BRUHL

PARIS
ALPHONSE PICARD, ÉDITEUR
82, RUE BONAPARTE, 82

1889

EXTRAIT DU COMPTE RENDU
De l'Académie des sciences morales et politiques
(INSTITUT DE FRANCE)
PAR M. CH. VERGÉ
Sous la direction de M. le Secrétaire perpétuel de l'Académie

LA THÉORIE DE L'ÉTAT DANS HEGEL

Hegel a exposé sa théorie de l'État dans la troisième partie de la *Doctrine du Droit*, ouvrage qui date des premières années de son séjour à Berlin. Déjà les œuvres de la première période de sa vie contiennent la plupart de ses idées politiques, et l'Encyclopédie nous présente une première exposition de la théorie de l'État. Mais nous ne pouvons suivre ici l'évolution de la pensée de Hegel ; nous nous arrêterons à la forme la plus développée qu'il lui ait donnée, et qui a été considérée généralement comme définitive. Nous voudrions d'ailleurs essayer une simple exposition de cette théorie de l'État, non une démonstration, dans le sens hégélien du mot. Pour reproduire fidèlement cette démonstration, il serait indispensable d'employer le vocabulaire de Hegel, qui est aujourd'hui une langue morte, et qui n'a jamais été une langue claire. Il serait indispensable aussi de remonter, non seulement à la théorie générale du droit, de la moralité et de la société civile, mais aux principes mêmes de la philosophie hégélienne dans son ensemble. Les limites que nous nous sommes imposées ne nous le permettent point. Sans donc méconnaître le lien logique qui unit la théorie de l'État au reste de la doctrine, nous ne nous attacherons pas à la déduire métaphysiquement des données primitives du système. A ce prix, nous pourrons essayer de transposer la terminologie propre à Hegel en langage philosophique ordinaire, tout en respectant de notre mieux la suite et l'enchaînement des idées.

Dans une préface datée de 1820, Hegel a défini nettement son objet et sa méthode. Il prétend donner à la doctrine de l'État une forme scientifique. Toutes les vérités qui composent cette doctrine, dit-il, sont connues, et depuis longtemps. L'œuvre de la science (ou de la philosophie, pour Hegel, c'est tout un) : l'œuvre de la science est de les coordonner, de les ramener à leur principe et d'y montrer la raison immanente. Jusqu'ici les philosophes qui ont traité de la politique sont tombés dans une erreur commune, qui a faussé toutes leurs théories. Ils s'imaginent qu'ils ont à établir *ce que doit être l'état* — et, ce faisant, ils ne peuvent naturellement exprimer que leurs sentiments personnels, plus ou moins vraisemblables, et jamais définitifs. C'est de la conjecture, non de la science. Mais l'état existe, il est donné dans la réalité concrète et vivante : c'est là qu'il faut l'étudier, le comprendre, et le ramener à son principe. Voyez, dit Hegel, la science de la nature. S'avise-t-elle de rechercher ce que la nature devrait être ? L'idée seule en paraît absurde : la nature est, et toute l'œuvre de la science consiste à découvrir les lois sous les phénomènes, et à pénétrer jusqu'à l'idée qui est l'essence des choses. Or, ce que la nature est dans l'ordre physique, l'État l'est dans l'ordre moral. Ici encore il est absurde d'imaginer une réalité idéale distincte de la réalité donnée, et à laquelle celle-ci devrait se conformer. L'État, comme la nature, ne peut être que ce qu'il est ; comme elle, il est nécessaire et divin. « La philosophie, dit Hegel, est la découverte et la déduction du rationnel, — c'est-à-dire, l'intelligence de ce qui est présent et réel, — et non pas la construction d'un au delà qui n'est que l'erreur d'un raisonnement incomplet et vide. Ainsi mon objet est simplement de comprendre et d'exposer l'État comme un être rationnel en soi (comme une forme

de la raison ou de l'Idée). Si la philosophie voulait enseigner
« ce que l'Etat devrait être, » elle arriverait toujours trop
tard. La science politique suit l'histoire, elle ne la précède
pas. Elle systématise ce qui est, et souvent ce qui va
cesser d'être. « L'oiseau de Minerve ne prend son vol qu'à
la tombée du jour. » Les conceptions politiques des
philosophes reflètent souvent le passé, plus souvent le
présent, mais jamais l'avenir.

La méthode de Hegel n'en est pas moins *a priori*. C'est
la dialectique absolue, la méthode qui suit déductivement
et pas à pas la marche de l'être ou de l'Idée à travers les
formes qu'elle revêt. L'État est une de ces formes, et des
plus hautes. « L'État, dit Hegel, est le rationnel en soi et
pour soi. Cette unité substantielle est une fin en soi absolue.
Elle a le droit suprême en face des individus, dont le
premier devoir est — d'être membres de l'État. » Et il
ajoute, avec une clarté qui ne lui est pas ordinaire: Si
l'on confond l'État avec la société civile, et si on le con-
sidère comme institué pour garantir la liberté des
personnes et la sécurité des propriétés, alors c'est l'intérêt
des individus qui serait la fin dernière, et par suite il
serait loisible à l'individu d'être ou de ne pas être membre
de l'État. Mais bien au contraire l'État est la réalité absolue ;
et l'individu n'a lui-même d'objectivité, de vérité et de
moralité, qu'en tant qu'il est un membre de l'État. » Voilà
qui est net, et Hegel a vite fait d'écarter les définitions
qui s'éloignent de la sienne. Qu'on ne lui oppose pas
l'origine historique de l'État, ou plutôt des différents États.
L'étude de cette évolution appartient à l'histoire qui
cherche à exposer les faits particuliers, tels qu'ils se sont
passés. La philosophie (ou science) n'a affaire qu'à l'Idée
de l'État en soi. Rousseau a eu le mérite de saisir cette
distinction, et de procéder, comme il convient, *a priori*.
Seulement il s'est trompé, lui aussi. Il fait reposer l'État
sur l'accord exprès des volontés individuelles, sur un

contrat. Les volontés contractantes seraient donc logiquement antérieures à l'État, qui leur devrait son existence. C'est ce que Hegel ne peut admettre. Rien de plus contraire, selon lui, à la divinité, à la majesté, et à l'autorité absolue de l'État. L'essence de l'État est bien volonté, mais non pas la volonté consciente, finie, faillible des individus. C'est une volonté métaphysique — semblable, en cela, mais en cela seulement, à ce que Schopenhauer désigne de ce nom, — c'est une volonté qui ne se distingue point de la raison absolue, de l'Idée, en un mot, de Dieu. Que les individus le comprennent ou non, le veuillent ou non, l'État existe, de par la raison suprême des choses, tout comme la nature. « L'État, dit Hegel, est l'esprit, en tant qu'il se réalise avec conscience dans le monde, tandis que la nature est l'esprit en tant qu'il se réalise sans conscience, comme l'*Autre de soi*, comme l'esprit endormi.... C'est la marche de Dieu dans le monde, qui fait que l'État existe. Son fondement est la puissance de la raison se réalisant comme volonté..... Il ne faut pas se mettre devant les yeux tel ou tel état particulier, telle ou telle institution, mais il faut considérer dans son essence l'Idée, ce Dieu réel. Tout État, quel qu'il soit, participe à cette essence divine. Les défauts et les vices d'un État ne doivent pas faire méconnaître sa nature. L'État n'est jamais une œuvre de l'art humain : seule la raison, l'Idée a pu le produire. De même que l'homme le plus hideux, malade, difforme, criminel, est encore un homme ; ainsi l'État le plus imparfait et corrompu garde encore son caractère divin. Aussi l'intelligence complète de l'État n'est-elle pas chose facile. Sans doute lorsque la théorie en a fait un tissu d'abstractions, lorsque le prétendu corps politique est une machine construite à plaisir par le raisonnement et l'imagination, l'entendement qui en est l'auteur s'y reconnaît sans peine. Mais que l'État, dans son essence, est plus difficile à pénétrer ! C'est « le monde que l'esprit s'est fait. » Que de fois, dit encore Hegel, ne parlet-on pas de la sagesse de Dieu dans la nature ! Eh bien, le monde de la nature physique n'est certes pas supérieur au monde moral. Autant donc l'esprit l'emporte sur la matière, autant l'État l'emporte sur la nature. Il faut vénérer l'État comme un Dieu terrestre. (Le mot de Hegel : un terrestre divin, est construit comme le célèbre mot de Gœthe : l'éternel féminin).

De toutes ces formules, dont la plupart sont obscures, et quelques-unes frappantes, la pensée se dégage nettement. L'État, selon Hegel, existe par soi, en vertu d'une nécessité naturelle, qu'il appelle divine. L'État n'a donc pas eu besoin, pour se fonder, du consentement des individus, ni d'aucun contrat. Au contraire, au lieu que l'État existe par et pour les individus, ce sont les individus qui existent par et pour l'État. Et précisément parce que l'État est bien au-dessus de la volonté et de l'art humain, il est impossible à notre esprit de le démonter pièce à pièce, comme une mécanique. Pour le comprendre, il faut procéder non par analyse, selon les procédés familiers de notre entendement, mais par synthèse, comme progresse l'Idée elle-même. Ainsi se justifie la dialectique hégélienne, par la nature de son objet.

La nature de l'État une fois définie, Hegel en déduit successivement : 1° L'organisation intérieure de l'État ; 2° Les rapports des États entre eux ; 3° La loi générale de l'histoire universelle.

1° Que de sottises n'a-t-on pas dites et écrites au sujet des constitutions ! Les théoriciens ont dégoûté de toute spéculation de ce genre les hommes sérieux, et surtout les hommes de gouvernement. Hegel se flatte de mieux réussir. Montesquieu, dit-il, a donné l'idée de la séparation des pouvoirs. Rien de plus exact, pourvu qu'on les conçoive comme conspirant à l'unité vivante de l'État. Mais les regarder comme réellement indépendants, et surtout supposer entre eux un antagonisme, les représenter se limitant et se combattant l'un l'autre, c'est rester dans l'abstrait, et par suite, dans le faux. Erreur funeste, dont la Révolution française a donné plus d'un exemple. Tour à tour le pouvoir législatif et le pouvoir exécutif s'y sont dévorés l'un l'autre. Dans la réalité, les trois pouvoirs ne se combattent pas, mais au contraire s'unissent. De même, quelle constitution est préférable, aristocratie, démocratie ou monarchie ? Question oiseuse. Il ne s'agit pas, comme nous le savons, de chercher ce qui devrait être, mais bien de comprendre ce qui est. Or l'État, dans son évolution, a dépassé le stade où ce problème se posait. Il n'y a plus à discuter pour savoir si l'État moderne sera monarchique, aristocratique ou démocratique. Ces trois formes, qui ont existé autrefois pour elles-mêmes, ne sont plus que des moments (ou facteurs) dans l'État du xixe siècle. Elles sont englobées dans une forme supérieure, plus complexe, qui est la monarchie constitutionnelle. Le roi y représente le facteur monarchique; les conseils du gouvernement et les hauts fonctionnaires, le facteur aristocratique. Dans le pouvoir législatif le facteur démocratique a sa place, fort restreinte, il est vrai, comme nous le verrons.

Mais qui fera la constitution ? — Encore une question qui ne devrait pas se poser. Elle implique qu'à un certain moment il n'y aurait point de constitution, par suite, point d'État; les individus seraient isolés, sans lien politique, et juxtaposés comme au hasard. La supposition est absurde. S'imagine-t-on que les cellules d'un organisme subsistent sans la vie ? — Il y a donc toujours une constitution préexistante. Il ne saurait donc être question de *faire* la constitution, mais tout au plus de la changer ou de la transformer. Ce changement a lieu selon les règles constitutionnelles. Au reste, croire que l'on *fait* les constitutions, c'est retomber dans l'erreur signalée plus haut. C'est fonder la vie de l'État sur les volontés individuelles. La constitution a une origine plus haute. Elle n'est point l'œuvre consciente des hommes ; elle provient de la vie même de l'Idée, réalisée dans l'État.

Toutefois Hegel ne conclut pas de là à une multiplicité de constitutions, dont la diversité s'expliquerait assez par les différences de climat, de races, de religions. S'il admet comme type de l'État moderne la monarchie constitutionnelle, ce n'est ni par des considérations historiques, ni pour des raisons d'utilité. C'est en vertu d'une déduction nécessaire que l'État aboutit à cette forme, où les constitutions moins développées (aristocratie, démocratie, monarchie) se combinent à titre de simples facteurs. Faut-il dire maintenant que cette monarchie constitutionnelle ne repose point sur la souveraineté du peuple ? La souveraineté du peuple, en tant qu'on l'oppose à la souveraineté du monarque, est une idée fausse et confuse. Qu'est-ce que le peuple, sans le monarque et les conseils qui l'entourent ? Une masse informe, inorganique, sans caractère ni signification politique. Le véritable souverain est le monarque héréditaire, qui personnifie l'État.

Toujours fidèle à sa méthode, Hegel, pour expliquer cet ordre de succession héréditaire, ne dit point : « Voyez ce qu'est devenue la Pologne, avec son *liberum veto*. Voyez où l'Allemagne même est tombée, avec sa dignité impériale élective. » Il ne donne pas pour argument, que la désignation du souverain par la naissance prévient les guerres civiles, ce qui est un avantage inappréciable. Au contraire, il reconnaît qu'au point de vue de l'utilité il y a du pour et du contre. Mais il n'a pas à entrer dans cette discussion. « La monarchie, dit-il, n'est pas de droit divin, au sens où on l'entend d'ordinaire; elle a néanmoins un caractère divin, parce qu'elle résulte nécessairement du développement de l'Idée, qui est Dieu. « Peu importe après cela que « des princes de différents caractères » selon le joli mot de Frédéric II, se succèdent dans une dynastie. En la personne même du monarque réside une majesté pour ainsi dire inaliénable. Elle lui vient de ce qu'il est l'incarnation de l'État, et ne saurait lui venir d'ailleurs. Un monarque issu du choix populaire, et fondant son autorité sur cette élection, manque de la majesté d'un vrai roi. Dire, comme Frédéric II que le roi est le premier serviteur de l'État, et surtout que son autorité repose sur un contrat primitif entre le peuple et lui, c'est encore une erreur qui porte atteinte à la majesté royale. Cette majesté ne s'explique que dans la théorie hegélienne. Il faut reconnaître ici encore une institution supérieure dans son essence aux volontés individuelles et conscientes.

Le souverain décide de la paix ou de la guerre. Il a le commandement suprême des armées et la direction entière des affaires extérieures. A l'intérieur, il gouverne à l'aide de ministres et de fonctionnaires. Il est naturellement seul juge de leurs aptitudes à remplir les postes qu'il leur confie; mais, en général, il suit l'ordre régulier de l'avancement. Grand admirateur de Richelieu et de Napoléon, Hegel est partisan d'un gouvernement fort et d'une centralisation énergique. Toutefois — réserve remarquable — il reproche au régime établi par la Révolution française et par l'Empire, de faire trop bon marché des libertés communales et municipales. « C'est dans les communes, dit avec beaucoup de force Hegel, que réside la force propre des États. Là, le gouvernement rencontre des intérêts légitimes qu'il doit respecter, et son rôle se borne à la surveillance. » Principe excellent, et qui a été en effet appliqué par le gouvernement prussien, au moins dans les rapports de l'État et de l'administration municipale. M. de Treitschke, l'auteur de l'*Histoire de l'Allemagne au* XIXe *siècle*, est entré en plein dans cette vue de Hegel. Il reproche à un régime tel que la Monarchie de Juillet de mettre la liberté où elle n'a que faire, et de ne la pas mettre là où elle devrait être. Ce régime permet aux corps politiques élus de paralyser, de fausser, de contraindre même l'action du gouvernement, et crée ainsi entre les pouvoirs publics un perpétuel conflit, contraire à l'essence même de l'État. Et d'autre part, l'indépendance des communes n'est pas suffisamment protégée contre l'ascendant des fonctionnaires. Les citoyens sont donc troublés dans la gestion des seuls intérêts qu'ils connaissent bien, et par manière de compensation, gênent le gouvernement dans la gestion des intérêts généraux qu'ils connaissent mal.

On pressent déjà que Hegel ne fera pas au pouvoir législatif la part bien grande. C'est ici que le facteur démocratique intervient, mais comment? Sous la haute direction, ou pour mieux dire, sous la haute surveillance des deux autres. Le pouvoir législatif comprend : 1° le prince ; 2° les conseils de la couronne; 3° le Parlement (Hegel emploie l'expression : les États). La part de ces États est très limitée. « On s'imagine souvent, dit Hegel, que les députés du peuple ou le peuple lui-même doivent savoir mieux que personne discerner ce qui est bon pour lui, et avoir la meilleure volonté de le réaliser. Mais au contraire, le peuple, (en tant que désignant ce qui n'est ni le prince ni les fonctionnaires), désigne précisément la partie de l'État *qui ne sait pas ce qu'elle veut.* » Les hauts fonctionnaires sont bien plus au courant des besoins de l'État et peuvent mieux y pourvoir, même sans Parlement. A quoi servent donc les Parlements? « Ils sont, dit Hegel, une garantie du bien général et de la liberté publique d'une part en donnant des avis, de l'autre, en étant l'occasion d'une publicité et par suite d'un contrôle qui agissent efficacement sur les détenteurs du pouvoir. » Toutefois ce n'est pas l'utilité seule qui les justifie. A ce point de vue, on trouverait vite des raisons non moins fortes de les supprimer. Il faut, selon la méthode philosophique, considérer la déduction logique de l'Idée. Alors on reconnaît dans la collaboration — sagement comprise — des Parlements, un facteur nécessaire de la vie de l'État. Il y a progrès lorsqu'un État, où le souverain exerçait son pouvoir sans contrôle, reçoit un Parlement. C'est un degré d'organisation de plus. Sans Parlement, la masse populaire reste inorganique, atomistique, dit Hegel. Or cela est contraire à l'idée même de l'État. Avec le Parlement, les sentiments populaires se font jour sous une forme légale et régulière : on évite ainsi les soubresauts de cette masse aveugle, les insurrections, les révolutions. Elle prend part, dans la mesure où elle le peut, à la vie de l'État.

Mais, en aucun cas, Hegel n'admet le suffrage universel. « Que tous, considérés individuellement, doivent avoir part à la délibération et à la décision des intérêts généraux de l'État, parce que tous sont membres de l'État, et parce que les affaires de l'État sont les affaires de tous, c'est là une conception abstraite et fausse. » L'État réel et concret n'est pas une collectivité d'individus dont la seule détermination serait d'être citoyens. De même qu'un être vivant se compose, non d'une juxtaposition arbitraire de molécules, mais d'organes, qui sont eux-mêmes des vivants, ainsi l'État, selon Hegel, se compose non d'individus isolés, mais de membres qui sont déjà des organismes : communes, cercles, municipalités, corporations, etc. Autrement le soi-disant peuple n'est qu'une masse informe, dont le mouvement et l'action restent nécessairement élémentaires et aveugles. Donc, point de représentation du peuple, au sens où l'on veut entendre ce mot. Deux Chambres : l'une (Chambre des seigneurs) représentant la propriété foncière et supposant l'existence de majorats. L'autre (Chambre des députés) représentant l'élément changeant (fortune mobilière). Pour être électeur, il faut remplir certaines conditions d'âge et de fortune. Pour être éligible, il faut, en outre, avoir fait ses preuves dans les fonctions publiques, et montré que l'on a *le sens de l'autorité et le sens de l'État*. En réalité, ce ne sont pas les individus qui sont représentés — les individus comme tels n'ont pas besoin de représentation ; — ce sont les grands intérêts sociaux : commerce, industrie, etc.

L'élection est chose secondaire. Les représentants sont presque désignés d'avance par leur passé et par leur situation. Ils apportent au gouvernement le concours précieux de leur expérience et de leurs lumières. Voilà la seule manière concrète et raisonnable de comprendre la représentation du peuple. L'élection de députés « par la foule inorganique » a encore, dans les grands États, l'inconvénient de se heurter à l'indifférence d'un grand nombre d'électeurs. On a beau leur vanter l'importance et la puissance de leur vote, ils ne se dérangent pas pour aller au scrutin. L'élection tombe alors aux mains d'une minorité. Elle n'exprime plus la volonté du peuple, mais celle d'un parti.

Ainsi constituées, les deux Chambres ne sont pas tout le pouvoir législatif. Il s'en faut de beaucoup. Elles en sont simplement un auxiliaire, un appendice, dit Hegel. Leur grande utilité est de donner au gros de la nation une éducation politique. En effet, les comptes rendus des séances du Parlement doivent être publics (Hegel insiste beaucoup sur cette mesure, qui lui paraît le dernier mot du libéralisme), et de la sorte la nation entière a connaissance des intérêts généraux qui sont discutés là; elle y prend un intérêt toujours plus vif. Les ministres peuvent souvent en être ennuyés, car au Parlement on les attaque, on les critique, on les tourne et on les retourne. Mais c'est un petit inconvénient, puisque en définitive le dernier mot leur reste toujours. Au fond, le Parlement a voix consultative, non délibérative. Point de conflit possible entre le Parlement et le gouvernement. Le monarque et ses ministres prennent l'avis des Chambres, pour s'éclairer; mais rien ne les oblige à le suivre. Le monarque a un droit supérieur : il personnifie l'État, ce que ne font point les Chambres. A lui appartient la décision. « Le gouvernement n'est pas un parti, dit Hegel, quand un état en est là, il est bien malade. » Les partis agitent la nation, mais le gouvernement la mène : non pas un gouvernement issu lui-même de la lutte des partis, mais le gouvernement issu de la volonté du souverain héréditaire, et participant à sa majesté.

La presse est le principal organe de l'opinion publique, grande force avec laquelle le gouvernement doit compter, tout en la méprisant quand il le faut. Dans quelle mesure la presse doit-elle être laissée libre? Hegel ne le dit pas expressément. Il réfute le sophisme selon lequel toute expression de la pensée aurait un caractère inviolable. Cela, dit-il, peut être vrai de la science, non de l'opinion, surtout de l'opinion politique. La provocation au meurtre, au pillage, à l'insurrection sont bel et bien des crimes que la loi doit punir ; de même la provocation au mépris des citoyens et l'insulte jetée au gouvernement. Mais de quelle peine? Cela dépend : une étincelle jetée sur un tas de poudre est autrement dangereuse que si elle tombe sur la terre nue. Dans un État sain, la presse malsaine périt d'elle-même.

II

Nous pouvons aller beaucoup plus vite maintenant en exposant la théorie des rapports des États entre eux. Nous ne ferons en cela que suivre l'exemple de Hegel lui-même.

Le xviii⁰ siècle, Kant en particulier, avait rêvé d'une paix universelle et perpétuelle. Les états civilisés renonceraient à vider leurs querelles à coups de canon : ils se soumettraient en cas de besoin à un arbitrage qui préviendrait les conflits sanglants. L'Europe chrétienne au moins serait comme une grande famille. Illusion, dit Hegel. La guerre est nécessaire, par la force des choses ; — elle est donc raisonnable, autrement dit, divine. Elle est indispensable à la santé morale des peuples, « comme l'agitation des vents préserve les mers de la corruption qu'engendrerait l'immobilité ». Sans elle, les peuples finiraient par s'endormir, par s'ankyloser et se pétrifier. Elle est la condition du progrès dans l'histoire. Souvent les peuples sortent fortifiés de leurs guerres : parfois même la guerre extérieure est le seul moyen efficace de trouver la paix intérieure, et de fonder l'unité de la nation. — Cette vue n'est-elle pas d'une exactitude saisissante pour l'Allemagne, qui, après tant d'efforts, a vu son unité s'accomplir dans une lutte contre l'étranger ? — Enfin, ajoute Hegel, la guerre a le mérite suprême de rendre sensible aux plus aveugles la fragilité des biens de ce monde. On a beau nous prêcher la vanité des choses temporelles, chacun se dit toujours à part soi « je sauverai bien ce qui est à moi. » Mais quand cette vérité se présente sous la forme brutale de hussards sabre au clair, la résignation pieuse se change en malédictions contre les conquérants. — Ainsi la guerre ne se justifie pas, selon Hegel, par le droit de légitime défense : dans sa pensée, elle n'a pas besoin de justification, n'étant pas un mal par soi. Telle ou telle guerre, sans doute, doit s'expliquer par une cause raisonnable : mais la guerre, en général, au point de vue philosophique, est un facteur nécessaire de l'évolution de l'Idée. Il faut aux états des ennemis, il faut que la guerre décide entre ces ennemis et eux. Là encore, c'est une duperie d'opposer ce qui devrait être, à ce qui est. La science consiste uniquement à bien comprendre ce qui est, et à en dégager la raison.

En d'autres termes, nous avons vu que, selon Hegel, l'État est *la force absolue sur la terre*. Il n'y a donc point de tribunal auquel les différends entre états puissent être soumis. S'il y en avait un, qui assurerait le respect de ses décisions ? Et quelle valeur attribuer à des arrêts qui peuvent être bravés impunément ? Tout au plus, dans certains cas, un état peut-il intervenir entre deux autres comme médiateur, mais avec leur consentement, quand ils veulent bien accepter son arbitrage. Autrement c'est la guerre. Toutes les fois qu'un état croit devoir défendre sa sécurité, ses intérêts, son honneur, il en est le maître. Au-dessus de lui, il n'y a rien. Par suite, la fin qu'il poursuit dans ses relations avec les autres états est uniquement son propre bien. Il n'a pas à combattre pour la civilisation, pour la justice, pour l'humanité. « Le principe de la justice des guerres et des traités, dit expressément Hegel, n'est pas un principe universel (philanthropique). — C'est l'intérêt de l'état, menacé ou lésé. Ainsi se dissipe la confusion qui a embrouillé de tout temps les rapports de la morale et de la politique. Il ne faut pas demander aux États d'agir selon les règles de la morale humaine. Le droit de l'État est d'exister pour soi, car il est un absolu. Cette distinction entre la morale des individus et la raison d'État n'est pas nouvelle : ce qui est nouveau, c'est que Hegel, ici comme partout ailleurs, ne se fonde pas sur un principe d'utilité, mais sur une raison *a priori*, qui pour lui est une raison de droit. En fait, dit-il, les états subordonnent tout, même les traités qu'ils ont signés, à leur propre intérêt : et, en effet, comme il n'y a rien au-dessus d'eux, il est nécessaire et juste que leur existence ou leur prospérité soit la loi unique de leur conduite.

Cela posé, l'évolution, le « progrès » de l'Idée, — c'est à dire de Dieu, — s'accomplit à travers les luttes, les fondations et les chutes d'empires, les triomphes et les désastres des nations. La guerre, la violence, l'oppression sont des facteurs nécessaires de cette évolution. « L'histoire universelle est le jugement dernier ». *Die Weltgeschichte ist das Weltgericht.* Formule célèbre, très mal traduite par le mot bien connu : « La force prime le droit ». Hegel veut dire : « Ceux qui triomphent dans la lutte pour la vie ne triomphent pas par hasard : ils ont vaincu par leur force, leur courage, leur patience, leur esprit de sacrifice et de persévérance. Ils méritaient de triompher : leur victoire même en est la preuve. — N'est-ce pas là l'idée darwinienne de la concurrence vitale et de la sélection naturelle ? Hegel lui donnait une forme métaphysique et même mystique : la pensée est analogue. « Dans le processus nécessaire et rationnel qui fait le développement de l'Idée, dit-il, le peuple qui représente un certain moment de ce développement a contre tous les autres un droit absolu ; et les autres sont sans droit contre lui. Les peuples dont l'époque est passée ne comptent plus dans l'histoire du monde ». De là toute une philosophie de l'histoire fondée sur l'idée de la mission nécessaire de certains peuples. C'est ainsi que l'humanité a traversé successivement les périodes orientale, grecque, et latine. Elle en est à la période germanique. D'où il suit que les peuples d'origine germanique ont maintenant un droit absolu contre tous les autres, et que les autres n'en ont point contre eux. Hegel ne dit point quand la mission germanique prendra fin, ni quel peuple prendra la place de celui-là. Il est vrai qu'il s'est interdit fort sagement à lui-même les prophéties.

Si nous jetons un coup d'œil d'ensemble sur cette doctrine, nous y reconnaissons d'abord l'idée mère du système de Hegel : la nécessité libre, l'idée-fait, le rationnel-réel. C'est toujours le même effort puissant, pour unir l'idéal et le réel, sans les réduire l'un à l'autre, en les identifiant au point de vue de l'absolu. Il est trop facile de nier, comme les sensualistes, tout ce qui échappe à l'observation empirique, et de ne reconnaître pour réel que les phénomènes et leur succession. Hegel a appris de Platon et de Kant à s'élever à un point de vue supérieur. Sa théorie de l'État ne pouvait être simplement utilitaire ou historique. Mais il est trop facile aussi de construire dans l'abstrait, et d'opposer, au nom d'une logique toute humaine, ce qui devrait être à ce qui est. Hegel n'édifiera donc pas sa théorie de l'État, comme Rousseau, par une déduction de concepts. A la dialectique vide et morte du raisonnement, il substitue la dialectique pleine et vivante de l'Idée, c'est-à-dire de la réalité absolue, de Dieu se développant dans le monde. Sa théorie de l'État forme ainsi, comme il le dit lui-même, le pendant de sa théorie de la nature.

Toutefois, Hegel n'a pas créé cette doctrine de toutes pièces. La construction lui appartient en propre ; mais il n'est pas impossible de retrouver les éléments qu'il y a fondus. D'abord l'idée de l'État en soi, indépendamment des considérations historiques ou utilitaires, il la doit à Rousseau ; il nous l'a dit lui-même. Nous pouvons remonter plus haut encore, et signaler une influence qui s'est exercée à la fois et sur Rousseau et sur Hegel. Tous deux ont subi l'attraction de l'antiquité classique. Peut-on méconnaître en effet la ressemblance entre la cité antique et l'État tel que le conçoit Hegel ? L'État fin suprême, au-dessus de laquelle il n'y a rien, les citoyens subordonnés à l'État, n'ayant de moralité que par leur participation à l'État, la majesté divine, absolue de l'État, autant de traits de l'esprit antique le plus pur, de l'esprit antique avant le stoïcisme. Le rapprochement s'imposait si bien que Hegel l'a fait tout le premier. Il se défend même contre une assimilation complète, et il a soin d'indiquer par où l'État moderne diffère, selon lui, de l'État antique. L'État antique ne laissait point de place au libre développement de la personnalité : dans l'État moderne l'individu a non seulement des devoirs, mais des droits ; et il faut qu'en accomplissant son devoir, il trouve en même temps son propre intérêt et sa satisfaction. « L'intérêt particulier ne doit pas être mis de côté ou opprimé ; il faut qu'il se concilie avec l'intérêt général : l'individu doit se sentir membre de l'État : la vie même de l'État en dépend. » Et Hegel insiste sur ce point : « il faut, dans l'État moderne, que *la conscience* et les droits de l'individu soient respectés. » Malgré ces réserves très nettement formulées, Hegel tombe du côté où il penche : il fait la part bien plus large à l'autorité de l'État qu'aux droits de l'individu. Sa prédilection pour l'idéal antique s'explique par l'éducation qu'il avait reçue. Pendant de longues années, il avait vécu dans le commerce quotidien des chefs-d'œuvre de l'antiquité. Son tempérament intellectuel se fixa pendant la période où l'Allemagne était éprise du génie grec. C'est le moment où Goethe écrit *Iphigénie* et Schiller les *Dieux de la Grèce*. Hegel n'était pas le moins fervent des adorateurs de l'hellénisme. Directeur pendant huit ans du gymnase de Nuremberg, le fond de l'éducation est, selon lui, l'étude aussi approfondie, l'intelligence aussi lumineuse que possible de l'antiquité. Le monde grec est, à ses yeux, « le paradis de l'esprit humain. » « Cette étude est, dit-il, la meilleure classe de philosophie. » Faut-il s'étonner dès lors, si sa théorie de l'État rappelle en plus d'un point la cité grecque ?

Les contemporains, comme il était naturel, cherchèrent leur point de comparaison plus près d'eux. Ce ne fut qu'un cri : la théorie hegélienne n'était que la glorification — beaucoup dirent l'adulation — de la Sainte-Alliance et de sa politique. A ce moment, comme on sait, la Prusse rivalisait de rigueur avec la Russie et l'Autriche contre tout ce qui ressemblait de près ou de loin au libéralisme. Les théories de Hegel semblèrent justifier et encourager cette réaction. La souveraineté du peuple traitée dédaigneusement d'absurdité, — car le peuple est incapable de savoir ce qu'il veut, — la majesté mystique inhérente à la personne du souverain, qui est, pour ainsi dire, l'État incarné; la part si chichement mesurée au pouvoir législatif, tout cela faisait accuser Hegel d'avoir traduit en style métaphysique les théories agréables aux puissances. Ce reproche s'élevait de toutes parts, et les amis de Hegel eurent fort à faire pour le défendre. Dans l'Avant-propos de la *Doctrine du Droit*, Ed. Gans proteste vivement contre cette interprétation. Hegel n'a-t-il pas réclamé, dit-il, les garanties qui passent pour les premières aux yeux des libéraux, l'établissement du jury et des institutions parlementaires? Il est vrai, mais nous avons vu comment Hegel entendait ces institutions parlementaires. Ce serait plutôt une Assemblée des notables qu'un véritable Parlement. Elle aurait le droit d'avis, plutôt que la fonction législative. Elle pourrait suggérer quelque chose, elle ne pourrait rien empêcher. En un mot, Hegel admet bien un Parlement, mais il ne veut à aucun prix du régime parlementaire. Au fond, ceux qui voyaient dans la doctrine politique de Hegel la glorification de l'État prussien étaient fort excusables dans leur erreur, si c'en est une. Hegel lui-même n'a-t-il pas expliqué, dans une leçon restée célèbre, « l'affinité naturelle de la philosophie hégélienne avec l'esprit de l'État prussien ? » Récemment un historien remarquait avec finesse que Hegel est le seul philosophe qui ait jamais fait école à Berlin. Leibniz, qui a fondé pourtant l'Académie royale, n'y était pas aimé. Fichte y obtint un succès personnel très grand, mais plutôt comme orateur et comme patriote que comme philosophe. Hegel au contraire a laissé à Berlin, après lui, une brillante génération de disciples, et c'est là peut-être que l'esprit de son enseignement s'est le plus longtemps maintenu. C'est que l'affinité qu'il a signalée lui-même était réelle. Dans sa théorie de l'État, elle éclate presque à chaque page, et se trahit également dans l'ensemble et dans le détail de la doctrine.

Dans l'ensemble, rien n'est plus conforme à la tradition prussienne que l'idée de l'État tout puissant, antérieur et supérieur à tout intérêt particulier et se subordonnant la volonté et la personnalité des sujets. Si cette théorie n'eût pas existé, la Prusse l'aurait certainement inventée pour elle-même. C'est en effet un des traits saillants de son histoire, que l'idée de l'État y tient une place extraordinaire, à vrai dire, la première. Pendant longtemps la Prusse n'existait point comme nation, elle existait déjà comme État. Faite de pièces et de morceaux, disséminés à travers l'Allemagne, depuis la Baltique jusqu'à la Meuse, comment pouvait-elle durer? Quel lien unissait les sujets du roi de

Prusse, si différents entre eux par leurs mœurs, leur religion, leurs traditions? Ce lien était exclusivement politique : c'était l'État, majesté souveraine, fin en soi, comme dit Hegel, et force absolue sur la terre.

Dans le détail, les traits à relever seraient innombrables. J'énumérerai seulement les principaux. D'abord le caractère mystique du pouvoir royal, le prince étant la personnalité morale de l'État, l'État disant : « Je veux. » Rappelez-vous le roi de Prusse refusant en 1849 d'accepter la couronne impériale que lui offrait le Parlement de Francfort. Pourquoi la rejette-t-il? Sans doute les conditions qu'impose la majorité du Parlement lui déplaisent. Mais surtout, il l'a dit lui-même, il ne convient pas à un souverain de tenir sa couronne des mains d'une Assemblée. S'il la ramasse sur un champ de bataille, elle est à lui, car c'est Dieu qui donne la victoire. Rappelez-vous aussi comme l'empereur Guillaume avec son esprit à la fois mystique et positif, réunissait en une association indissoluble son peuple, son armée, sa personne : c'est l'idée même que Hegel nous donne du souverain. Autre trait caractéristique : pas plus que Hegel, la tradition prussienne n'admet de séparation et de limitation réciproque entre le pouvoir exécutif et le législatif. Voyez l'histoire si instructive des querelles de M. de Bismarck avec le Parlement prussien avant 1866 et depuis 1870 avec le Reichstag. Le ministre passe outre, malgré tous les blâmes et tous les votes de l'Assemblée. Nous penserions que c'est elle qui a eu à se plaindre des façons d'agir du ministre. — Erreur, c'est M. de Bismarck qui se plaint des empiétements des députés, quand il ne dit pas tout simplement : « Je suis ministre pour exécuter les ordres du roi mon maître. Je vous dois des explications, et je vous les donne ; je ne dois de comptes qu'à lui et je suis prêt à céder la place quand il ne voudra plus de mes services. » Et il ne perd jamais une occasion de répéter le conseil que l'historien Ranke avait donné de son côté au roi de Prusse :

« Surtout ne laissez jamais tomber l'armée aux mains d'un Parlement ! »

Un dernier trait enfin, que nous avons déjà signalé au passage. Dans la monarchie prussienne, comme dans l'État de Hegel, les citoyens, à défaut de liberté politique ou de participation active aux affaires nationales, jouissent d'une liberté communale relativement assez grande, et d'une participation — obligatoire — aux affaires municipales. Resterait à savoir si cette compensation est suffisante, surtout dans un État aussi fortement centralisé que la Prusse.

Le sentiment général ne se trompait donc pas en signalant dans les théories politiques de Hegel une tendance réactionnaire. Cela est vrai surtout en prenant le mot dans son sens large. Cette théorie de l'État est bien une réaction énergique, parfois même passionnée, contre les idées politiques chères au siècle précédent. Hegel tient encore, sans doute, au XVIIIe siècle. Il y tient par sa méthode, par l'alliance, remarquable chez lui, comme chez Rousseau, d'une admiration presque religieuse pour l'antiquité, et d'une confiance absolue en sa propre raison. Mais qu'il est loin de ce siècle par le côté réaliste de sa doctrine politique ! Quel dédain, chez cet admirateur de la Révolution française, pour les illusions généreuses dont le XVIIIe siècle s'était nourri, et qui l'avaient poussé à de hautes entreprises ! Comme il souffle sur les espérances de paix universelle, de progrès pacifique, de fraternité humaine ! Comme il insiste à plaisir sur la nécessité de la lutte et sur la justification de la guerre ! Bien mieux, il renverse en passant toute la théorie des droits de l'homme et de l'égalité naturelle ; le peuple est un mineur perpétuel et qui a toujours besoin d'être mené, pour son bien ; — car il ne sait pas ce qu'il veut, et encore moins ce qu'il devrait vouloir.

Comme les défenseurs de la Sainte-Alliance ne disaient

pas autre chose, les contemporains de Hegel n'avaient pas tort de trouver dans sa théorie de l'État une apologie de la politique réactionnaire. Mais ils avaient tort de n'y trouver que cela. Cette théorie contenait nombre de vues exactes et d'idées fécondes. Sous une forme très enveloppée elle annonçait déjà le caractère particulier que les études politiques et sociales ont pris dans notre siècle. Laissez tomber tout l'échafaudage métaphysique et scolastique, qui était peut-être l'essentiel aux yeux mêmes de Hegel, mais peu importe ; — que d'idées vous trouverez là dessous, qui nous sont devenues familières ! Lorsque Hegel nous répète que les phénomènes sociaux veulent être étudiés comme les phénomènes naturels, que pas plus ici que là, l'homme ne doit opposer un prétendu devoir-être à ce qui est — qu'en un mot la méthode doit être non subjective, mais objective, pouvons-nous nous empêcher de songer aussitôt à la sociologie d'Auguste Comte et de Spencer ? Et la comparaison ne s'impose-t-elle pas encore davantage, lorsque Hegel voit dans l'État (État ou nation c'est tout un pour lui), un organisme dont l'existence et les fonctions ne dépendent point des volontés individuelles ? La méthode hégélienne est, il est vrai, à l'antipode de la méthode positive : mais la doctrine hégélienne est à deux faces, l'une idéaliste, l'autre réaliste, et ce n'est pas seulement par dégoût de la métaphysique qu'une sorte de positivisme a succédé, en Allemagne, à l'hégélianisme. Hegel lui-même, s'il eût pu en être témoin, aurait reconnu là une filiation véritable, et ce qu'il appelait si heureusement « l'ironie de l'Idée ».

IMPRIMERIE PAUL GIRARDOT, ORLÉANS.

8 janvier 23

www.ingramcontent.com/pod-product-compliance
Lightning Source LLC
Chambersburg PA
CBHW070540050426
42451CB00013B/3113